VINO DE MANGO

Edición: Primera

Autor: Marcos R. González G.

ISBN: 978-0-359-61895-8

Editor: Lulu Enterprises. – Lulu Press Inc.

             860 Aviation Parkway, Suite 300

             Morrisville, North Carolina, 27560, USA

             (919) 459-5858.

             www.lulu.com.

ISBN 978-0-359-61895-8

VINO DE MANGO

Marcos González

A José Ravelo y Jaime Meléndez,
amigos incondicionales.

A Carmen Suárez,
guerrera admirable.

«Escuché, alguna vez,
en una región volcánica, tropical y caliente (...)
que para comer mango había que quitarse la camisa».

Fragmento del poema de Julio Serrano, Oda al Mango.

PRÓLOGO

El presente título, *Vino de Mango*, está enmarcado dentro de la serie *Fermentados de Frutas Tropicales,* el cual hemos concebido con la intención de ampliar la gama de posibilidades que ofrece la manufactura de vinos alternativos hoy. Ir más allá de la fabricación de vinos de arándanos o de grosellas, es la intención de este modesto aporte.

Siguiendo la estructura de la serie, el libro muestra las dos formas básicas de abordar la elaboración del vino de mango (y de los vinos de frutas en general). La primera, analítica, mediante el uso de análisis químicos y cálculos. La segunda, más práctica y expedita, a través de recetas y formulaciones. Ello permite que el contenido pueda ser aprovechado tanto por el fabricante artesanal avanzado como por el fabricante aficionado que prioriza el sabor antes que el saber.

Aquellos lectores que hayan estudiado otros títulos de la colección encontrarán que algunas partes de los textos descriptivos aparecen de manera recurrente en este libro. Esto resulta como consecuencia de una doble necesidad. Por un lado, ciertos procedimientos y técnicas siguen el mismo patrón para cualquier tipo de vino, sea de maracuyá, mango o uva. Por tanto, las explicaciones serán las mismas para una u otra bebida. Por otro lado, el contenido debe ser dirigido hacia aquellos lectores potenciales que limitan su interés a una determinada fruta y quizás solo adquieran un único título dedicado a ésta. Siendo así, la información que se proporciona requiere ser completa y detallada, aun con lo reiterativo que pueda resultar para otros lectores.

Ojalá este breve libro (*Vino de Mango*) despierte en los estudiosos del tema una alícuota del entusiasmo y la pasión que esta fruta, por sí misma, ha despertado en todo el mundo.

El autor

CONTENIDO

PRÓLOGO 1

CONTENIDO 3

INTRODUCCIÓN 1

LA FRUTA 5

DESCRIPCIÓN 6

CULTIVO 7

COMPOSICIÓN 8

PROPIEDADES 9

USOS 10

FACTIBILIDAD ENOLÓGICA 11

ELABORACIÓN TÉCNICA DEL VINO 13

EXTRACCIÓN DEL JUGO 16

CARACTERIZACIÓN 16

AJUSTE O CORRECCIÓN 23

FERMENTACIÓN 27

ACABADO 32

ELABORACIÓN FORMULADA DEL VINO 43

BIBLIOGRAFÍA 49

GLOSARIO Y ABREVIATURAS 55

ANEXOS 69

TABLA DE ILUSTRACIONES... 81

TABLA DE ANEXOS 83

INTRODUCCIÓN

El mango es, sin duda, uno de los frutos tropicales –si no el que más– con mayor demanda y aceptación en todo el mundo. De hecho, en el año 2017 se produjeron comercialmente unos 50 millones de toneladas métricas en todo el mundo, con Tailandia e India a la cabeza.

El dulzor de este fruto, su fino aroma y su jugosidad lo hacen apetecible para la mayoría de los paladares. No obstante, la fabricación de vino a partir de él (como sucede con todos los vinos de frutas) viene a ser materia de debate y controversia para una parte de los consumidores. Aun así, la calidad de este vino supera con creces cualquier argumento detractor que pudieran sugerir los puristas del vino tradicional de uvas.

Como es típico de los títulos que acoge la serie, el libro incluye una primera parte referida a la descripción del fruto del mango y su factibilidad como sustrato para la elaboración de un vino. Otra parte se refiere a un primer método de fabricación basado en procedimientos técnicos que permiten realizar el ajuste del jugo con el objetivo de poder fermentarlo. Éstos involucran la medición de acidez y contenido de azúcar, así como los cálculos para realizar las correcciones. La última parte contempla el método más sencillo de elaborar el vino, que es el empleo de recetas. Este es ideal para aquellos que prefieren apartarse de cálculos y mediciones laboriosos. Naturalmente, fabricarlo a partir de fórmulas previamente establecidas resulta el método más fácil y expedito.

Los procedimientos y técnicas que se exponen en las siguientes páginas han sido descritos con suficiente detalle para que el lector logre llevar su experiencia a buen término. No obstante, si se desea profundizar aún más sobre la preparación de vinos en pequeña escala y de vinos de frutas en general, se recomienda estudiar el libro *Principios de Elaboración de los Vinos Artesanales* incluido en la bibliografía de esta obra. Allí se ahonda en los aspectos teóricos y prácticos del proceso de fabricación tanto de los vinos quietos como de los efervescentes.

Durante toda la obra se mencionan diversos equipos, instrumentos e ingredientes que facilitan el proceso de fabricación, pero es procedente aclarar que estos elementos, en algunos casos, no son fáciles de adquirir. Todo dependerá de la disponibilidad que exista en la localidad donde viva el lector. Algunos se pueden conseguir en comercios de repostería o dedicados a la venta de insumos para la industria de alimentos.

Para los residentes en Estados Unidos obtener los suministros no representa ningún inconveniente, ya que disponen de incontables tiendas físicas dedicadas al pasatiempo de la elaboración de vinos y cervezas (*home winemaking*). Si el lector está fuera de Estados Unidos, tal vez su única alternativa sea la compra en línea. La mayoría de los materiales, si no todos, podrá solicitarla a través de Ebay.com o Amazon.com.

Por último, es importante resaltar que las características organolépticas del vino que se obtiene a partir del mango son realmente excepcionales. Muestra un color dorado intenso muy atractivo. Tiende a clarificar bien, por lo que su aspecto con frecuencia es bastante limpio. Ofrece el aroma típico, siendo fragante pero no intenso. En boca resulta bien equilibrado, armónico y de cuerpo notable.

LA FRUTA

Se estima que el mango es la fruta de mayor demanda en el mercado internacional. Es de origen indio, pero se ha convertido en el fruto con mayor dispersión dentro de las zonas intertropical y subtropical. Su nombre proviene del *tamil* (*mankay*). Fue adoptado por el portugués (manga), pues fueron los portugueses quienes llevaron este fruto a América en el siglo XVII.

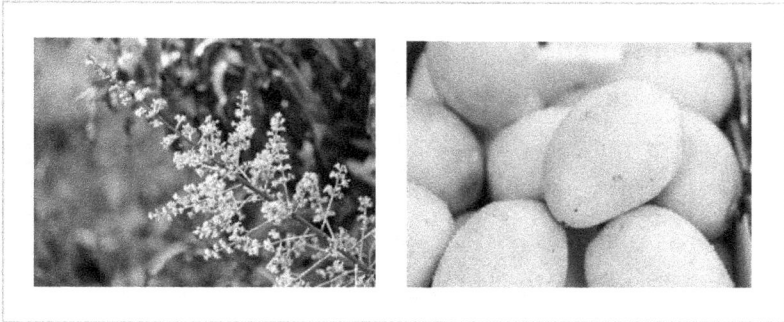

Gráfica 1. Flores y frutos del mango.

El árbol es perennifolio (siempre verde) y puede sobrepasar los 10 metros de altura, de porte vigoroso y copa redonda. Las flores se desarrollan en forma de panículas (inflorescencias), produciendo 2 o 3 mangos cada una.

Pertenece a la familia *Anacardiaceae*, por lo que está

emparentado con el merey o marañón (anacardo). Muestra una gran versatilidad debido al gran número de especies naturales, pero también a las variedades creadas mediante injertos.

Una característica muy particular de esta fruta consiste en presentar un ligero sabor a trementina, principalmente el mango de hilacha, aunque en otras variedades resulta casi imperceptible

DESCRIPCIÓN

El mango es una fruta climatérica que en su óptimo estado de madurez comercial dura pocos días. Tiene forma esférica u ovoide y un tamaño que varía entre 8 y 12 centímetros de diámetro. su color es variable, pudiendo ir del verde al rojo intenso pasando por el amarillo pálido.

Desde el punto de vista botánico, es un fruto de tipo drupa con un hueso (semilla) de gran tamaño. En promedio, tiene un peso de 300 gramos, aunque algunas variedades suelen alcanzar hasta un kilogramo.

La pulpa del mango, amarilla, es fibrosa en mayor o menor grado, dulce y de elevada jugosidad.

Su nombre científico es *Mangifera indica*, y se le conoce en algunas regiones como melocotón del trópico.

La variedades comerciales de mango existentes son casi incontables, siendo algunas de las más conocidas la

Ataulfo, Eduard, Haden, Keitt y la Tommy Atkins, entre otras (Ver Anexo 1). No obstante, de manera popular, suelen diferenciarse con frecuencia dos grandes categorías: mango de hilacha y mango de bocado.

CULTIVO

El mango es un cultivo originario de India y Birmania y constituye uno de los frutos tropicales con mayor dispersión en todo el mundo. Es el fruto nacional de países como Pakistán y Filipinas.

A pesar de la gran adaptabilidad del mango a diversos suelos, se recomienda cultivarlo en suelos franco-arenosos o franco-arcillosos bien estructurados, con pH entre 5,5 y 5,7. El rango óptimo de temperaturas para su crecimiento es de 18 a 30 grados Celsius.

Como se mencionó, es un árbol siempre verde (perennifolio) de gran porte que puede llegar a alcanzar 10 metros o más. La mejor altitud para su desarrollo está alrededor de los 600 metros sobre el nivel del mar, pero puede darse con facilidad hasta en los 1.000.

Algunas variedades suelen dar dos cosechas al año, pero en la mayoría de los casos fructifica solo una vez durante los meses de mayo, junio y julio. Se propaga mayormente a través de semilla, la cual reduce su poder germinativo aproximadamente un mes después de ser extraída del fruto.

COMPOSICIÓN

Debido a que existe un gran número de variedades de mango –y a que la composición de éstas difiere de manera significativa– se hace bastante difícil establecer una única valoración para este fruto. No obstante, al hablar de sus componentes, debe considerarse que se hace referencia a cuantificaciones promediadas generales y no a variedades particulares.

La pulpa del mango es de color amarillo intenso y posee un sabor agradable y delicado. Cuando el fruto está maduro, la pulpa se presenta dulce y ligeramente ácida. Suele ser consumida directamente pero también se le emplea como materia prima en la elaboración de conservas, postres, helados, mermeladas y salsa ketchup, entre otros productos.

Considerando en conjunto las variedades Tommy, Atkins y Kent, el rendimiento promedio en pulpa es de 76 por ciento, mientras que la cáscara (exocarpio) corresponde al 14 y la semilla a 10. El 67 por ciento de la semilla corresponde a la almendra, mientras el 33 por ciento está constituido por la corteza

La acidez media de la pulpa de mango es de 1,20 por ciento (peso/volumen), predominando el ácido cítrico, aunque en algunas variedades suele prevalecer el ácido málico. Con frecuencia la proporción de estos ácidos es de 8 a 2.

El promedio de contenido de azúcar del fruto maduro es de 15,2 por ciento (peso/volumen), de ahí el dulzor que lo hace tan apetecible. Predomina la fructosa, pero también están presentes sacarosa y glucosa. La proporción aproximada es de 5:3:2.

Elementos esenciales desde el punto de vista nutricional, como la vitamina C (ácido ascórbico) y la fibra están presentes con abundancia en la pulpa del mango. De hecho, un mango de tamaño promedio puede proveer la cantidad diaria de vitamina C que requiere una persona. Además, tiene un alto contenido de potasio a la vez que es bajo en sodio.

Actualmente, se están realizando estudios relativos a la potencialidad del extracto de corteza de mango por su alto contenido de antioxidantes como los flavonoides y los taninos, además de microelementos como el Fe, Se, Cu y Zn. Los antioxidantes ayudan a proteger las células previniendo el daño ocasionado por los radicales libres (causantes del cáncer, la aterosclerosis y otras enfermedades).

PROPIEDADES

El mango es, sin duda, una de las frutas con mayores cualidades desde el punto de vista nutricional. Se destaca sobre todo por su gran poder antioxidante. Esto gracias a la presencia de sustancias antirradicales libres como las vitaminas C, vitamina E y el betacaroteno. Como consecuencia de lo último, resulta útil para resguardar la piel, las mucosas, los ojos y el corazón.

La presencia del potasio y el magnesio en la pulpa del mango, la hacen apropiada para la prevención de la osteoporosis y los calambres, al igual que para el control de la presión arterial.

Como se estableció en párrafos anteriores, el mango posee un alto contenido en fibra, lo cual le confiere gran eficacia en la prevención de ciertos tipos de cáncer asociados al aparato digestivo.

La cultura popular india utiliza el mango para dar fortaleza al corazón, como agente antihemorrágico y depurador del hígado. Inclusive, utiliza la semilla para producir una infusión de carácter astringente que es empleada contra la diarrea, la cistitis, las hemorroides y las inflamaciones de la uretra, entre otros trastornos.

USOS

Por sus características de dulzor, acidez, aroma y textura el mango suele ser consumido directamente. No obstante, en el ámbito culinario resulta una de las frutas tropicales más empleadas. Con frecuencia se presenta cortado en cubitos bañados con *topping* o jarabes. También es habitual consumirlo en forma de zumo, batido o *smoothie*.

Por otro lado, el abanico de productos procesados industrialmente es bastante amplio. Entre estos productos están las rebanadas en conserva, néctares, mermeladas, *chutney*, rebanadas deshidratadas (*slices*), entre muchos otros.

FACTIBILIDAD ENOLÓGICA

En párrafos anteriores se mencionó que el mango posee una acidez promedio de 1,20 por ciento (peso/volumen) y un contenido de azúcar de 15,2 por ciento (peso/volumen). Con estos parámetros, se puede calcular su *Índice de Factibilidad Enológica*[1], cuyo valor es mostrado en el Anexo 2. Al tener el mango un índice relativamente cercano (590) al de referencia (740), se deduce que esta fruta puede ser convertida en vino con relativamente poca modificación del jugo.

De la misma forma, un análisis desde el punto de vista del Rombo de los Vinos de Frutas (Anexo 3) muestra que el mango también es poseedor de otras ventajas además de la acidez y el contenido de azúcar. La aromaticidad y la jugosidad constituyen valiosos atributos que lo convierten en materia prima ideal para la vinificación.

---

[1] Desarrollado por el autor en el libro *Elaboración Artesanal de Vino de Frutas*, en 2013

La aromaticidad, permite que en diluciones moderadas (con el objeto de reducir la acidez) el vino conserve los olores propios de la fruta que le da origen. La jugosidad, por otro lado, es fundamental para en la disponibilidad de los elementos fermentables necesarios en el proceso de vinificación.

ELABORACIÓN TÉCNICA DEL VINO

Esta forma de fabricación supone una comprobación o caracterización concreta del jugo que permita realizar un preciso ajuste de ciertos parámetros químicos con el objetivo de llevarlos a los valores óptimos de fermentación. Estos parámetros corresponden a la *acidez titulable* y al *contenido de azúcar*, que han de ser llevados a 0,55 por ciento el primero y 21 por ciento el segundo.

$$Acidez = 0,55 \%$$
$$Azúcar = 21 \%$$

Dichos valores equivalen, en promedio, a los de la uva y, además de permitir que la fermentación se lleve a cabo de manera adecuada, aseguran que el contenido de alcohol sea el esperado para un vino estándar (11-12 por ciento).

Una vez determinada la *acidez* y el *contenido de azúcar*, se procede a su ajuste o corrección mediante la adición de ácido y azúcar o por medio una dilución, según sea el caso. Luego de ello, se inocula el jugo

–ahora llamado mosto– con levadura para iniciar la fermentación. Finalmente, el proceso de clarificación o filtración dará un aspecto límpido y atractivo al vino.

Es importante resaltar que los pasos descritos suelen ser aplicados a la elaboración de cualquier vino de frutas. A continuación, se detallan dichos pasos.

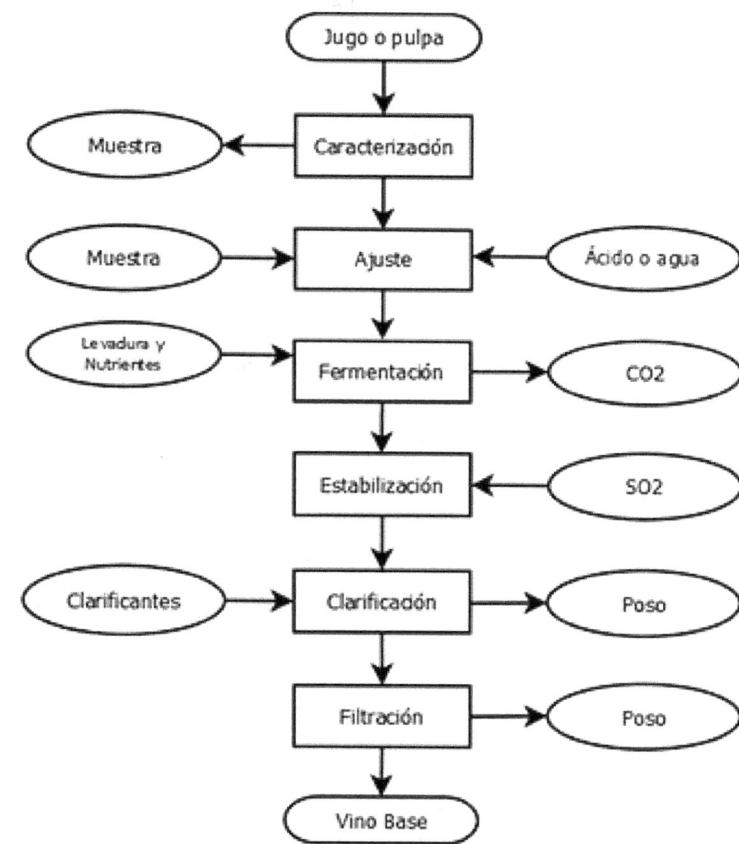

Gráfica 2. Esquema básico de la elaboración de un vino de frutas.

EXTRACCIÓN DEL JUGO

La presencia de una semilla de gran tamaño (hueso) en el fruto del mango hace que la extracción del jugo sea menos sencilla que, por ejemplo, el prensado en el caso de la uva. En el ámbito artesanal, donde suele ser realizada de forma manual, puede resultar algo engorrosa debido a que requiere la remoción de la cáscara (pelado) y posterior trinchado de la parte comestible (deshuesado).

En el medio industrial la obtención del jugo se logra mediante el uso de equipos automáticos, pudiendo variar estos en su capacidad y velocidad de procesamiento. Según la necesidad de cada establecimiento, estos equipos pueden ir desde una sencilla deshuesadora (Krone HGW) hasta una despulpadora automática de tipo modular (Voran EP1000).

Es evidente que antes de iniciar el proceso de pelado de los mangos, como para todas las frutas, deben ser sometidos a lavado y selección con el objetivo de disponer de la mejor materia prima.

CARACTERIZACIÓN

Una vez extraído el jugo o pulpa que se va a emplear en la elaboración del vino, deberá ser analizado para conocer el tipo de ajuste o corrección que se hará. Como se dijo, estos análisis consisten en la medición de la acidez titulable y del contenido de azúcar.

Determinación de la acidez

El método usualmente empleado es la titulación ácido-base. Éste consiste en la neutralización del ácido de una muestra mediante la adición de una base (álcali) de concentración conocida. El volumen empleado de la base y una sencilla ecuación darán la concentración total de ácidos del jugo, mosto o vino.

La titulación ácido-base emplea ciertos equipos especiales y reactivos que normalmente están al alcance solo de los establecimientos industriales (Anexo 4 y Anexo 5). Aun así, algunos fabricantes artesanales avezados suelen utilizar dichos equipos y reactivos con la finalidad de alcanzar una mayor precisión en sus determinaciones. Si el lector opta por esta metodología, deberá invertir una importante cantidad de dinero en los suministros necesarios. El procedimiento paso a paso está descrito en el mismo Anexo 4.

Por fortuna, existen los *kits de acidez* que operan como sucedáneos de los costosos equipos profesionales necesarios para realizar una titulación ácido-base. Dichos *kits* se basan en el mismo principio de neutralización mencionado antes. No obstante, el equipamiento es mucho más simple y los reactivos se incluyen ya preparados.

Los *kits* de acidez con frecuencia consisten en una

jeringa que remplaza la bureta, mientras que el matraz es sustituido por un pequeño vaso plástico. El precio resulta bastante asequible, oscilando entre 5 y 10

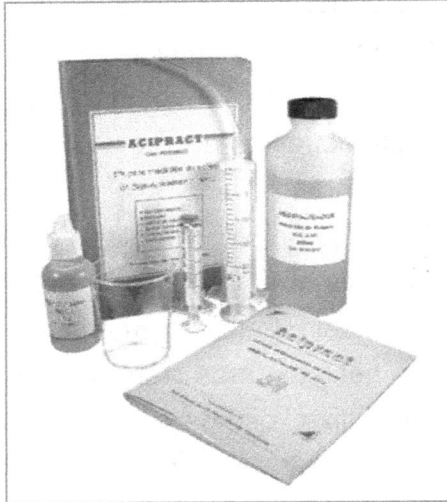

Gráfica 3. Kit para medición de acidez y sus componentes.
Indicador, recipiente de reacción (vaso), jeringa tomamuestras, jeringa de titulación y solución neutralizadora.

dólares, lo que viene a ser muchísimo más económico y menos laborioso que preparar los reactivos y adquirir una bureta, un soporte y un matraz.

El procedimiento para medir la acidez con un *kit* es el siguiente.

1. Agregar 5 mililitros del jugo en el recipiente de reacción.
2. Adicionar el indicador que señalará el final de la reacción.
3. Añadir la solución neutralizadora gota a gota y agitando constantemente el recipiente. Con cada gota aparecerá una coloración rosado pálido que desaparece rápidamente.
4. Cuando la coloración se hace permanente, se detiene el agregado y se toma nota del volumen de solución neutralizadora que se gastó en el proceso.
5. Finalmente se calcula la acidez utilizando la fórmula incluida en el instructivo del kit. Cada kit ofrece una fórmula propia ya que ésta varía con relación al volumen de muestra y de la concentración de la solución neutralizadora.

Cuando se utiliza la metodología profesional con la bureta, la fórmula empleada es la general para la titulación ácido-base mostrada en el Anexo 4.

Determinación del contenido de azúcar

La medición directa del contenido de azúcar resulta laboriosa y poco práctica, ya que involucra reactivos y equipos costosos. Por ello, se prefiere la determinación de los *sólidos solubles*, mucho más sencilla y económica.

Los sólidos solubles son todas aquellas sustancias que normalmente se presentan en estado sólido, pero que se encuentran disueltas en un medio líquido. En el caso de los jugos de frutas, dichas sustancias están constituidas en un 95 por ciento de azúcar. La cuantificación de los sólidos solubles se basa en el hecho de que la disolución de un sólido en un líquido produce cambios en algunas de sus propiedades físicas, como la *densidad* y el *índice de refracción*. Por tanto, midiendo dicha variación, puede ser estimada la concentración del sólido en cuestión.

La mayor parte de los sólidos solubles en los jugos de frutas está representada por azúcares, de esta manera su medición viene a ser una estimación bastante ajustada del contenido sacarino.

En la fabricación de vinos, y en la industria de alimentos en general, se emplea la *hidrometría* y la *refractometría* para medir la cantidad de sólidos solubles. La primera, utiliza un instrumento denominado hidrómetro (Anexo 6), el cual indica la concentración con base en el principio de flotación de los cuerpos. La segunda, emplea un instrumento llamado refractómetro (Anexo 7), el cual relaciona la concentración con el índice de refracción.

Cualquiera de los instrumentos indicados se puede emplear para medir la cantidad de azúcar presente en el jugo del mango. No obstante, por razones de costo, se preferirá el hidrómetro. Aunque requiere un volumen de muestra mayor que el refractómetro (unos 250 mililitros), tiene un menor precio.

Los pasos para usar el hidrómetro son los siguientes.

(1) Se llena un cilindro transparente (vidrio o plástico) de unos 250 ml con la muestra hasta alcanzar las tres cuartas partes de su capacidad.

(2) Sujetando el instrumento verticalmente por la punta del tallo, se introduce en la muestra y se le imprime un ligero movimiento de rotación para impedir que se adhieran burbujas en su superficie. El hidrómetro deberá permanecer en el centro del líquido, evitando que se dirija hacia las paredes del cilindro.

(3) Una vez que ha cesado todo movimiento y se ha alcanzado el equilibrio, se procede a la lectura. Ésta deberá ser realizada colocando los ojos a nivel de la superficie de la muestra y el valor a tomar será aquel donde la parte inferior del menisco corta la escala.

De todos los modelos, el *hidrómetro triple escala* es sin duda el de mayor preferencia por los fabricantes de cervezas y vinos artesanales. Como su nombre lo indica, posee tres escalas que permiten realizar mediciones diferentes con el mismo instrumento.

La primera escala corresponde a la densidad, que es frecuentemente referida como *Gravedad Específica*

(*Specific Gravity*, en inglés). La segunda escala corresponde al *alcohol potencial* e indica la concentración de alcohol que teóricamente se obtendrá una vez culminada la fermentación. Viene expresada como porcentaje en volumen, es decir, mililitros de etanol por cada 100 mililitros de bebida obtenida.

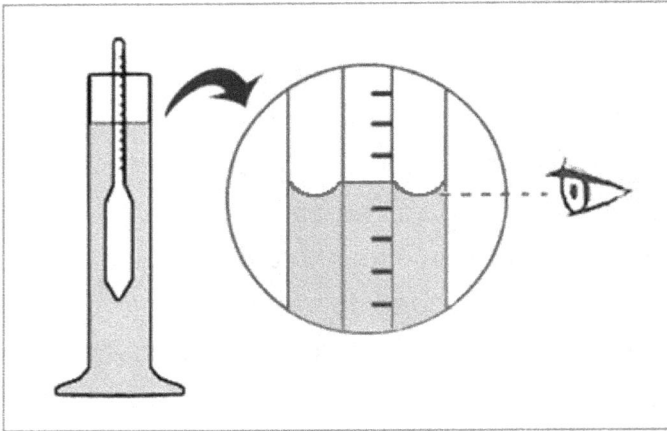

Gráfica 4. Lectura del hidrómetro.

La tercera escala, y más importante para los propósitos de este libro, corresponde a la concentración de azúcar del jugo antes de ser iniciada la fermentación. Expresa la cantidad de grados Brix o Plató, y cada uno de estos grados equivale a 1 por ciento de azúcar. Es decir, un grado Brix o Plató es igual a un gramo de azúcar por cada 100 gramos de jugo o mosto.

AJUSTE O CORRECCIÓN

Acidez

Una vez realizada la medición de la acidez (Caracterización, página 17), del jugo de mango, se debe decidir si es menester agregar ácido o, por el contrario, añadir agua para disminuirla. Considerando el valor de acidez teórico promedio de 1,20 por ciento indicado en la página 8, es muy probable que se obtenga una acidez superior a 0,55 por ciento, la cual es ideal para la fermentación. De ser así, se procederá a realizar la dilución correspondiente. No obstante, es conveniente hacer el análisis de acidez y no remitirse solo al valor teórico, ya que puede resultar menor debido a la variedad y al estado de madurez.

El cálculo necesario para el ajuste es bastante simple y consiste en determinar un factor de dilución y multiplicarlo por el volumen de jugo extraído de la fruta, lo que proporcionará el volumen total a fermentar. Finalmente, se establece una diferencia para obtener la cantidad de agua que se debe agregar.

Factor de dilución = Acidez medida % / 0,55 %
Volumen final = Volumen inicial x Factor de dilución
Agua a agregar = Volumen final – Volumen inicial

23

Donde la acidez medida corresponde al porcentaje de acidez que se determinó en la etapa de caracterización. Por otro lado, 0,55 corresponde al valor ideal de fermentación mencionado antes.

Ejemplo práctico No. 1

Se dispone de 30 litros de jugo de mango cuya acidez medida durante la caracterización fue 1,33 % y el contenido de azúcar 15,9. Se pide reducir su acidez mediante dilución para llevarla al valor óptimo de fermentación.

Se aplica:

Volumen final = Volumen inicial x Factor de dilución

Factor de dilución = 1,33 % / 0,55 %

Factor de dilución = 2,42

Volumen final de jugo = 30 litros x 2,42

Volumen final de jugo = 72,60 litros

Es decir, deberán ser agregados (72,60 – 30) litros de

agua al jugo original, o sea, 42,60 litros.

Según el resultado de este ejemplo, es posible tomar como regla general que para elaborar un vino de mango debe agregarse una cantidad de agua igual al volumen de jugo puro. Es decir, por cada litro de jugo, adicionar un litro de agua, o lo que es lo mismo, el mosto deberá estar constituido mitad jugo y mitad agua. Por su puesto, esto es una mera aproximación, por cuanto las variedades de fruta utilizadas y su estado de madurez introducirán una gran variación en los resultados.

Afortunadamente, la acidez del mango no es demasiado alta, por lo que no requiere una reducción adicional mediante neutralización con bicarbonato, como sí es el caso del maracuyá o el tamarindo.

Contenido de azúcar

El procedimiento para ajustar el contenido de azúcar es bastante obvio. Solo se requiere adicionar la cantidad necesaria de azúcar para elevar el contenido que se midió en la etapa de caracterización hasta 21 por ciento. Si se desea un grado alcohólico diferente debe considerarse una cantidad de azúcar distinta a añadir, según establece el Anexo 8. Para lograr esto existen dos vías: a) Ajuste analítico y b) Ajuste semianalítico.

– *Ajuste analítico.*

25

Requiere calcular cuánto azúcar se debe agregar tomando como referencia la concentración medida previamente durante la caracterización. Para ello, se establece una resta entre la cantidad de azúcar que se desea en el mosto y la que se midió en la etapa de caracterización.

Azúcar a agregar = 21 % - % de azúcar en el jugo

Ejemplo práctico No. 2

Tomando como base el ejercicio anterior (Ejemplo práctico No. 1), se pide elevar el contenido de azúcar hasta el valor óptimo de fermentación.

Se establece la diferencia según lo indicado.

Azúcar a agregar = 21 % - 15,9 %

Azúcar a agregar = 21 % - 15,9 %

Azúcar a agregar = 5,1 %

Es decir, se deben agregar 5,1 gramos de azúcar por cada 100 mililitros de mosto. Para 30 litros serán entonces (30x5,1/0,1) gramos, o sea 1,35 kilogramos.

— **Ajuste semianalítico.**

Es un método mucho más sencillo que el analítico, por cuanto solo se necesita adicionar el azúcar de forma continua hasta alcanzar el nivel deseado. Además, no requiere cálculos.

Una vez realizado el ajuste de acidez, se añade azúcar secuencialmente por tanteo mientras se miden los sólidos solubles con el hidrómetro. Al alcanzar la concentración de 21 por ciento se detiene el agregado y se procede a reajustar la acidez, como se mencionó antes.

FERMENTACIÓN

Es un proceso conocido por la mayoría de las personas, el cual consiste en la transformación del jugo en vino. Dicha transformación la lleva a cabo un hongo microscópico conocido como *Saccharomyces cerevisiae* o levadura del pan, que consume el azúcar contenido en el jugo al tiempo que libera alcohol (específicamente etanol) y gas carbónico. De manera resumida, la reacción es representada de la siguiente manera.

$$Az\acute{u}car \longrightarrow Alcohol + Gas\, Carb\acute{o}nico + Calor$$
$$(Glucosa) \qquad (Etanol) \qquad (CO_2)$$

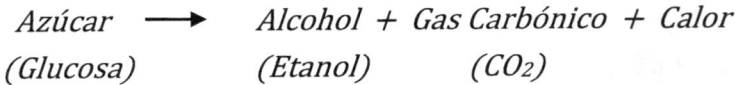

El proceso requiere aproximadamente 12 días para su culminación, desarrollándose de manera óptima en un rango de temperatura entre 18 y 28 grados Celsius.

La fermentación del mosto de mango, al igual que la de otros vinos, requiere de tres pasos básicos para ser llevada a cabo de manera exitosa: *acondicionamiento, siembra* y *control.*

Acondicionamiento

En este procedimiento se adicionan al mosto ciertas compuestos que contribuyen a un mejor desarrollo de la levadura. Este acondicionamiento no es imprescindible, aunque para los vinos de frutas se recomienda llevarlo a cabo como medida preventiva contra fermentaciones perezosas. Los compuestos que se agregan son, frecuentemente, tiamina (vitamina B_1), fosfato de amonio y sulfitos.

Tiamina (vitamina B_1)...............................0,6 mg/l
Fosfato de amonio..................... ......…….20,0 mg/l
Metabisulfito (sodio o potasio)…....……… 100,0 mg/l

Los dos primeros actúan como complementos nutricionales para la levadura, mientras el último inhibe el crecimiento de levaduras no deseables en el mosto.

Estos compuestos son adicionados justo antes de iniciar la fermentación, es decir, previo a la siembra de la levadura o inoculación. En el ámbito artesanal, la adición de tiamina y de fosfato de amonio suele sustituirse por el agregado de una combinación de estos productos, la cual se vende en el comercio con el nombre de *activador de fermentación* o *Yeast Energizer*, en inglés.

El recipiente destinado a la fermentación deberá estar acorde con el volumen de mosto disponible, teniendo el cuidado de que éste ocupe solo las tres cuartas partes del espacio para evitar desborde durante el proceso. El material ideal es el acero inoxidable, tal como el empleado en los grandes tanques industriales. Para pequeños volúmenes, y con el objetivo de reducir costos, suelen emplearse bidones plásticos y hasta botellones de vidrio. Cualquiera sea el contenedor a utilizar, se recomienda evitar las amplias superficies de vino en contacto con el aire, de manera que las cilíndricas, verticales y estrechas son las más deseables.

Siembra

Consiste en inocular el jugo de mango (acondicionado o no) con levadura. Ésta puede ser seleccionada (con características específicas) o en su defecto, simplemente la empleada en panificación, bien en forma deshidratada o en pasta. Por cada litro de jugo que se desee fermentar, ha de ser agregado medio gramo de levadura seca de uso panadero o seleccionada. Si la levadura a emplear es en forma de pasta, se adicionará un 30 por ciento más del calculado para la forma desecada.

Cuando se usa levadura en forma deshidratada, se recomienda activarla antes de su agregado. Para ello, se la disuelve en un poco de agua tibia (no más de 40 °C) con una pizca de azúcar y se deja reposar por unos 20 minutos. Si luego de ese lapso no produce abundante espuma, deberá desecharse y adquirir una en mejores condiciones. En caso de aparecer espuma, añadirla directamente en el mosto al tiempo que se imprime una agitación ligera.

Control

A las pocas horas de agregada la levadura se inicia la fermentación, haciéndose evidente por la turbulencia que ocasiona la intensa producción de gas.

La graduación alcohólica del producto final dependerá de la cantidad inicial de azúcar del mosto, pero en general se calcula para obtener entre 10 y 13 por ciento, concentración en la cual cesa casi toda actividad de la levadura.

En esta etapa de la fabricación, se realiza un seguimiento de la marcha fermentativa con el objeto de detectar a tiempo cualquier comportamiento anómalo que alerte sobre una eventual parada del proceso. Es conveniente, como mínimo, la medición diaria de azúcares (método químico, no indicado en este libro), porcentaje de alcohol y temperatura. No obstante, observar si se mantiene el ritmo de desprendimiento de gas, y que el mosto no presente un olor avinagrado, la mayoría de las veces suele ser suficiente.

El cese total del desprendimiento de gas en el mosto puede ser utilizado como indicador del final de la fermentación. Una simple inspección visual, en algunos casos, suele ser suficiente para advertir su culminación. No obstante, si se quiere mayor precisión, es posible realizar lecturas refractométricas o hidrométricas diarias, de modo que cuando un mismo valor se repite durante tres días consecutivos, se da por culminado el proceso.

Una vez concluido el proceso de fermentación, el vino debe ser estabilizado para que los microorganismos sobrevivientes no produzcan fermentaciones una vez embotellado. Para ello se emplea con frecuencia el metabisulfito de sodio o de potasio. La dosis máxima de uso permitida para este conservador es de 400 miligramos por litro, pero generalmente se le emplea en una concentración que oscila entre 150 y 300 miligramos por mililitro. Si durante el acondicionamiento se agregó metabisulfito en dosis selectiva (ver página 28), deberá ser restado de la cantidad que se va a agregar durante esta fase.

> IMPORTANTE:
> Las lecturas refractométricas o hidrométricas realizadas a un mosto luego de iniciada la fermentación, no representan valores reales de contenido de azúcar, por cuanto el alcohol producido causa variaciones de densidad y los instrumentos arrojan lecturas erróneas.

ACABADO

Esta es la segunda gran transformación que sufre el jugo de mango durante el tránsito hacia su conversión en vino. Consiste en una serie de pasos que lo llevan desde un estado de líquido turbio y de mal aspecto hasta un producto limpio y brillante de calidad comercial.

Clarificación/Filtración

La clarificación es una de las operaciones destinadas a impartir un aspecto claro y transparente al vino. Consiste en hacer flocular las partículas suspendidas mediante cambios en el equilibrio electrostático provocado por sustancias añadidas conocidas como *agentes clarificadores.*

Es posible obtener un vino bastante aceptable, desde el punto de vista de su limpidez, solo realizando la clarificación. Pero si lo que se desea es un producto totalmente brillante y más estable en el tiempo, la filtración se hace totalmente imprescindible.

El vino de mango puede ser clarificado con la mayoría de los agentes naturales de uso frecuente en enología, tales como bentonita, caseína, gelatina, ovoalbúmina y los sintéticos. No obstante, por razones prácticas, se recomiendan los dos primeros, bien sea de manera única o combinada. Otros requieren ingredientes adicionales para ejercer su acción.

Antes de iniciar cualquier proceso de clarificación, es importante haber realizado la correcta estabilización o inactivación microbiana con metabisulfito descrita en la página 31, de lo contrario la sedimentación no se llevará a cabo de manera adecuada.

La clarificación con bentonita[1] requiere que ésta sea preparada 24 horas antes de su utilización. Para ello, se la coloca en 6 veces su peso en agua, se homogeniza y se permite su hidratación manteniéndola en reposo.

---

[1] Las bentonitas empleadas en la elaboración de vinos deben ser grado alimentario, ya que las usadas en la industria petrolera y cosmética no son adecuadas.

Se empleará una concentración de medio gramo por cada litro de vino que se desee clarificar.

Finalizado el lapso de las 24 horas, es agregada lentamente mientras se agita de forma vigorosa el vino. Reposo y tiempo harán el resto.

Luego de uno o dos días, se obtiene un vino casi totalmente limpio en la parte superior, con un poso de borras en el fondo, el cual podrá ser retirado por decantación.

Es aconsejable, luego de realizar la decantación mencionada, permitir que el vino repose durante unas dos semanas con el objetivo de reducir su aspereza y hacerlo más amable al paladar.

La clarificación con caseína (caseinato de sodio o de potasio), por otro lado, tiene la gran ventaja sobre otros agentes proteicos de no requerir la presencia de *tanino* para su coagulación. Se agrega disuelta en agua tibia (proporción 1:10) a manera de hilo fino. La dosis de uso resulta muy variable, pero en promedio es de 0,03 por ciento (0,3 g/l). Es de suma importancia considerar nunca disolverla directamente en el vino por cuanto coagularía de inmediato sin dar tiempo a formar el coloide clarificador.

Como en el caso de la bentonita, luego de uno o dos días, podrá decantarse el vino claro para separarlo del sedimento.

En este punto, si el fabricante desea dar a su vino un acabado totalmente límpido y brillante, puede filtrar el vino clarificado. No se recomienda filtrar un vino crudo (no clarificado) ya que colmataría rápidamente los medios filtrantes, resultando sumamente oneroso el proceso.

El filtro estándar en la elaboración de vinos, bien sea en escala industrial o artesanal, es el filtro de placas y marcos, también denominado filtro prensa. Funciona utilizando placas de celulosa (medio filtrante) separadas por marcos de metal o plástico. Dichos marcos, dispuestos de manera intercalada y conectados entre sí, forman cámaras por donde circula el vino y se retienen las impurezas.

Aunque el proceso de filtración puede entenderse como un paso prescindible cuando se ha logrado una buena clarificación, para ciertos vinos tiene una importancia capital. Al ser éste un vino blanco, las impurezas se hacen más notorias, por lo que resulta imperativo dar una apariencia límpida y brillante.

Por supuesto, la capacidad del filtro de placas que se ha de usar debe estar acorde con el volumen de vino que se está procesando. Industrialmente son empleados filtros bastante complejos de 72 placas o más. No obstante, en el ámbito artesanal, el filtro de placas más popular es el *Filtro Mini Jet* de la empresa Buon Vino, capaz de retener impurezas de hasta 1 micra de diámetro, por lo que elimina cristales y micropartículas, así como levaduras.

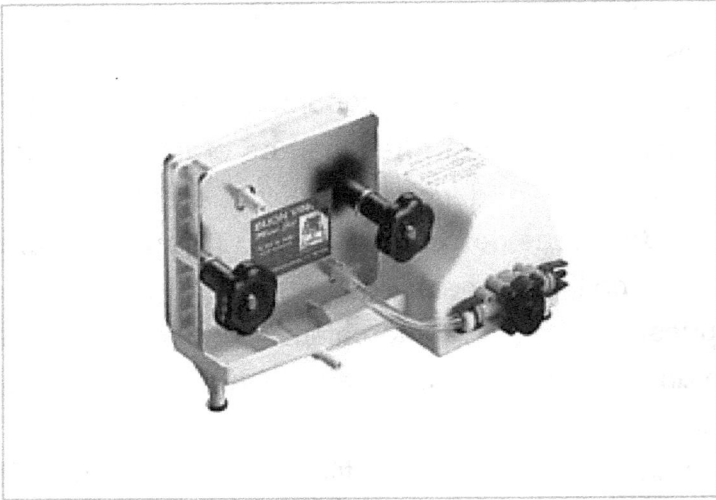

Gráfica 5. Filtro Mini Jet

Embotellado

Para pequeñas producciones suelen emplearse botellas de vidrio recicladas, pero con volúmenes mayores se habrá de acudir a los fabricantes o importadores. Aquellas de color (verde o ámbar) resultan las más adecuadas para el envasado del vino de mango puesto que, al ser un vino blanco, evitan las oxidaciones que puede sufrir debido la acción de la luz.

Previo al llenado, es conveniente lavar muy bien y desinfectar las botellas con agua caliente o algún agente antimicrobiano de acción no oxidante como la soda cáustica (evitar el cloro, las lejías y los peróxidos).

El tipo de llenado que se adopte dependerá, como siempre, del volumen de vino disponible. Las llenadoras a presión, de múltiples picos y gran capacidad, se les puede encontrar en grandes establecimientos industriales. En escala artesanal, el llenado es mucho más simple. Suele ser realizado de forma manual o empleando elementos auxiliares que se valen de la gravedad para el vaciado del líquido. Si se opta por los segundos, es recomendado el pico de llenado con parada automática Ferrari, fácil de usar, económico y versátil (Gráfica 7). Está disponible en línea por un precio que oscila entre 17 y 20 dólares.

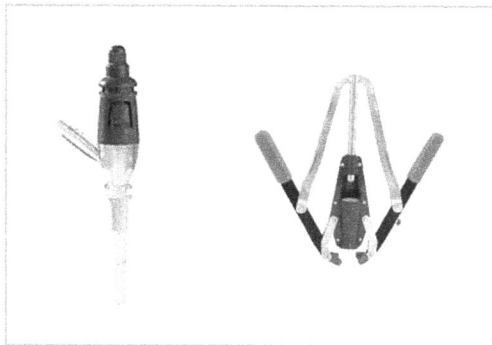

Gráfica 6. Pico de llenado y taponadora

Taponado/cierre

Si se ha optado por una botella que utiliza tapa de rosca es poco lo que se puede decir, pero si la elección ha sido el tapón de corcho, el asunto es diferente.

Debido a que los vinos de frutas no son buenos prospectos para el envejecimiento, se podrá elegir un tapón recto aglomerado No. 8, el cual ofrece buenos resultados para una guarda hasta de 1 o 2 años.

Con el objetivo de que los tapones obturen de manera adecuada, se les utiliza con un diámetro ligeramente mayor que el de la boca de la botella, incrementando así el efecto de sellado. Debido a esto, su introducción debe ser realizada con la herramienta apropiada, ya que de forma manual resulta casi imposible. Un ejemplo de esta herramienta es la taponadora manual de doble palanca para uso artesanal, la cual comprime el tapón al forzar su paso a través de un conducto cónico.

Pasteurización

Este procedimiento permite asegurar la inactivación de la microbiota que permanezca aún presente en el vino y que pudiera alterarlo una vez embotellado. Suele ser aplicado como único proceso para estabilizar el vino o combinado con la adición de sulfitos para asegurar una buena estabilidad microbiológica. Consiste en someter el vino a un ligero calentamiento y un rápido enfriamiento con el objetivo de destruir la mayor cantidad de microorganismos que puedan estar aún presentes.

En elaboraciones industriales se emplean pasteurizadores de gran eficiencia que hacen circular el vino a través de placas intercambiadoras de calor. Los rangos de temperatura y tiempo corresponden generalmente a 78 °C durante 20 segundos. En elaboraciones artesanales, como es de esperar, no se dispone de tales equipos. Simplemente se sumergen las botellas en *baño maría* durante unos 4 ó 5 minutos. Si se están empleando botellas plásticas, deberá tenerse el cuidado de no ajustar completamente la tapa para evitar la deformación de éstas.

Transcurrido el tiempo indicado, se permitirá que las botellas reposen en un lugar fresco o bien podrán ser «enfriadas» rociándolas con agua a temperatura ambiente. Por último, se podrá ajustar completamente la tapa de rosca, si es el caso.

Encapsulado/Etiquetado

Consiste en colocar sobre el cuello de la botella una cubierta o precinto con el fin de proteger la integridad del tapón de corcho o la tapa, así como de conferir un aspecto elegante al vino. Dicha cubierta recibe el nombre de cápsula y puede ser metálica (aluminio, estaño, zinc), como la utilizada en el ámbito industrial, o plástica termo-retráctil, empleada por los artesanos.

La cápsula termo-retráctil ofrece la gran ventaja de no requerir maquinaria alguna para su colocación. Solo basta ponerla en el cuello de la botella y sumergirla en agua caliente para que se ciña completamente.

El etiquetado de una botella de vino de frutas, igual que para el vino tradicional, puede ser simple, constituido por una sola etiqueta o compuesto, en el cual se introducen elementos adicionales como contraetiqueta y collarín, entre otros. Estos elementos suelen requerir pegamentos especiales para su aplicación (*hot-melt* o cola fría), pero otros son autoadhesivos, dependiendo del equipo utilizado para su manejo.

La etiquetadora que se ha de emplear para el vino de mango, y para cualquier vino, estará en función, obviamente, del volumen que se procese. En la industria es frecuente encontrar sistemas automáticos de gran desempeño, incluidos en la línea de producción, capaces de etiquetar la colosal cantidad de 700 botellas por minuto. En el ámbito artesanal lo más común es el etiquetado manual o, a lo sumo, el empleo de etiquetadoras semiautomáticas de unas 40 botellas por minuto.

Por su bajo costo, suelen ser muy populares las etiquetadoras de acción puramente mecánica, cuyo desempeño depende solo de la pericia del operador.

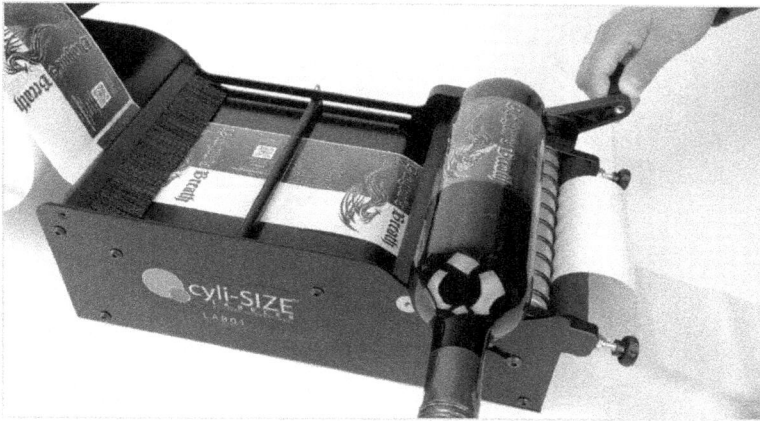

Gráfica 7. Etiquetadora manual LAB01.

(Foto cortesía de Start International)

ELABORACIÓN FORMULADA DEL VINO

Esta es, con toda seguridad, la forma más sencilla de elaborar un vino de mango y de cualquier otra fruta. No requiere análisis químicos, pues se basa simplemente en recetas y formulaciones preestablecidas. Tiene la ventaja de no necesitar reactivos ni instrumentos para hacer análisis.

Aunque la mayor parte de las recetas de vinos de frutas que se puede encontrar en la bibliografía corresponde a bayas de climas templados (cerezas, arándanos, grosellas, etc.), no pocas suelen ser halladas con relación al mango. Como sucede con la mayoría de estas recetas, tienen un origen empírico y casi siempre conducen a productos poco satisfactorios.

A continuación, se muestra una receta para elaborar aproximadamente 10 litros de vino de mango con un contenido alcohólico alrededor de los 11 grados. Está calculada sobre valores promedio de acidez y azúcar, por lo que los resultados pueden variar.

Una vez finalizada la fermentación (y ya obtenido el vino mediante el uso de esta receta) el lector puede remitirse de manera opcional al proceso de acabado (página 32) para darle el aspecto atractivo esperado.

43

Vino de Mango (seco)
Receta para 10 litros, aproximadamente

INGREDIENTES:
- 25 mangos tamaño grande (o pulpa csp 6 litros)
- 1,6 Kg de azúcar refinada.
- 5 Gramos de bentonita grado alimentario (opcional).
- 1/2 Sobre de levadura seleccionada Lalvin 71B-1122 o, en su defecto, 1/2 cucharadita de levadura de panificación activa.
- Agua suficiente para 12 litros (libre de cloro).

EQUIPOS Y UTENSILIOS
- Lienzo limpio de 1,5 por 1,5 metros. Si se dispone del filtro Mini Jet, aún mejor.
- Recipiente para fermentación de 20 litros con marca en 12 litros. En el mejor de los casos ha de ser de acero inoxidable, pero en su defecto, puede ser empleado un tambor plástico o de polietileno de alta densidad de los usados para almacenar agua.
- Recipiente plástico para trasegar de 20 litros.
- 12 botellas de vidrio roscadas con sus tapas. Si se emplean botellas con tapón de corcho, deberán incluirse 12 de éstos y la taponadora mencionada en la página 38.

PROCEDIMIENTO

- Pelar los mangos, trinchar y cortar en trozos pequeños. Añadir estos trozos al recipiente de fermentación. Agregar el azúcar y completar con agua hasta la marca de los 12 litros. Agitar hasta disolución.

- Activar la levadura colocándola en agua tibia con una pizca de azúcar y permitiéndole reposar durante 30 minutos. Si al cabo de ese tiempo no ha producido abundante espuma, descartarla y hacer una nueva activación con levadura fresca.

- Agregar la levadura activada lentamente y con agitación moderada. Cubrir la boca del fermentador con una tela o tapar a media rosca. Dejar fermentar hasta que cese completamente la turbulencia y el desprendimiento de gas (8-12 días).

- Luego de asegurarse de que la fermentación se ha detenido completamente, pasar el vino a través del lienzo para eliminar las impurezas de mayor tamaño (parte de las levaduras, fibras y restos vegetales, entre otros). Posteriormente se clarifica según lo indicado en la página 33. Si se dispone de un filtro de placas, utilizarlo hasta obtener un vino brillante.

- Embotellar. Si no se han agregado sulfitos, pasteurizar según procedimiento visto antes (página 38) o mantener en refrigeración.

Si el lector desea elaborar una cantidad diferente a los 10 litros mencionados, podrá establecer una proporción aritmética (regla de tres) para calcular los nuevos pesos y volúmenes. Lo mismo es aplicable a las botellas y tapas.

Vol. Vino	Mangos	Azúcar	Levadura	Agua CSP
1 litro	3	160 g	0,5g	1,2 litros
20 litros	60	3,2 Kg	10g	24 litros
50 litros	150	8 Kg	25g	60 litros
100 litros	300	16 Kg	50g	120 litros
250 litros	750	40 Kg	125g	300 litros
500 litros	1.500	80 Kg	250g	600 litros
1.000 litros	3.000	160 Kg	1/2Kg	1.200 litros
10.000 litros	30.000	1.600 Kg	5Kg	12.000 litros

Gráfica 8. Formulación de ingredientes para diversos volúmenes de vino de mango

Otra variante que es necesario considerar en el momento de elaborar este vino de manera formulada es el contenido de azúcar. En general, se establecen tres niveles de contenido de azúcar (gramos por litro) para el vino: seco, menos de 4; semiseco, de 4 a 45; dulce, superior a 45. Debido a que en esta publicación no se considera la medición del azúcar en el vino obtenido, el ajuste de dulzor se establece de manera formulada, como en el caso de los demás ingredientes.

El azúcar será agregado al vino seco, una vez concluida totalmente la fermentación (

Gráfica 9).

Vol. Vino	Seco	Semiseco	Dulce
1 litro	0	25 gramos	75 gramos
20 litros	0	500 gramos	1,50 Kg
50 litros	0	1,25 Kg	3,75 Kg
100 litros	0	2,50 Kg	7,50 Kg
250 litros	0	6,25 Kg	18,75 Kg
500 litros	0	12,50 Kg	37,50 Kg
1.000 litros	0	25,00 Kg	75,00 Kg
10.000 litros	0	250,00 Kg	750,00 Kg

Gráfica 9. Azúcar a agregar para endulzar diferentes

volúmenes de vino de mango.

Las cantidades indicadas en la son aproximadas y pueden ser modificadas según el gusto del fabricante, ya que los rangos de dulzor son bastante amplios.

Al agregar azúcar a un vino con el fin de endulzarlo debe considerarse que en la medida que se aumente la concentración de ésta, más susceptible se hará al ataque microbiano. Por ello, al elaborar vino semiseco o dulce de mango, se hace necesario preservarlo con el agregado de sulfitos o mediante refrigeración.

En la mayoría de los casos, para el endulzamiento del vino, se emplea azúcar de mesa (sacarosa), pero otros edulcorantes suelen ser útiles. Con el objetivo de impedir fermentaciones en botella resulta conveniente emplear azúcares no fermentables como el xilitol, el manitol y los edulcorantes sintéticos. De estos últimos el aspartame y la sacarina son los más usados.

RECOMENDACIÓN FINAL

El vino obtenido mediante el empleo de las técnicas sugeridas en este libro es de muy buena calidad. No obstante, si se desea llevarlo a un nivel superior, se recomienda la lectura de referencia *Principios de Elaboración de los Vinos Artesanales*. En ella se profundiza en el tema ofreciendo un contenido de gran relevancia para aquellos que deseen ampliar sus conocimientos.

BIBLIOGRAFÍA

Libros

1   Amerine, M y Ough, C. 1976. Análisis de vinos y Mostos. Acribia. Zaragoza.

2   Bird, David. 2011. Understanding Wine Technology. The Wine Appretiation Guild. San Francisco.

3   El Pequeño Larousse de los Vinos. Año N/I. Lorousse. México, D.F.

4   García Gallego, Jesús. 2011. Enología Avanzada. Publicaciones Vértice, S.L. Málaga.

5   García, M., Quintero, R. y López, A. 1993. Biotecnología Alimentaria. Limusa, S.A. México D.F.

6   González, M. 2013. Elaboración Artesanal de Vino de Frutas. Lulu Enterprises, Morrisville.

7   González, M. 2013. Haciendo Vino de Frutas en la Cocina. Lulu Enterprises, Morrisville.

8   González, M. 2018. Principios de

Elaboración de los Vinos Artesanales. Lulu Enterprises, Morrisville.

9 Hidalgo T., José. 2011. Tratado de Enología. Tomo I. Ediciones Mundi-Prensa. Madrid

10 Jay, J. 1993. Microbiología Moderna de los Alimentos. Acribia. Zaragoza.

Kolb, E. 2002. Vinos de Frutas, elaboración artesanal e industrial. Acribia.

11 Oreglia, F. (1979). Enología teórico-práctica. Vol. 1 y 2. Ed. Instituto Salesiano de Artes Gráficas.

12 Panda, H. 2008. The Complete Book on Wine Production. Niir Project Consultancy Services, Delhi.

13 Romero, D., Mayta, A. y Urribarrí, M. Producción de Vino de Mango. Revista de la Facultad de Ingeniería, Universidad Central de Venezuela. 1996. Volumen 19. Maracaibo.

14 Márquez, M. 1986. Evaluación de algunos de los factores que inciden en las características de la fermentación del mosto de mango de hilacha y bocado.

Tesis de pregrado. Universidad Central de Venezuela. Caracas.

Webs

1 http://publicaciones.eafit.edu.co/index.ph
   p/revista-universidad-
   eafit/article/view/1506

2 http://repositorio.ucsg.edu.ec/bitstream/3
   317/5502/1/T-UCSG-PRE-TEC-CIA-8.pdf

3 http://repositorio.ug.edu.ec/bitstream/red
   ug/8186/1/BCIEQ-T-
   099%20Zambrano%20Loyola%20Freddy
   %20Stefan.pdf

4 http://www.scielo.org.ve/scielo.php?script
   =sci_arttext&pid=S1316-
   33612005000300007

5 www.cpd.es/images/paginascursos/ev.pd
   f

6 http://www.fao.org/faostat/en/?#data/QC

7 www.infowine.com/intranet/libretti/libretto
   821-01-1.pdf.

8 www.linlabrioja.com/_pdf/enologia_tecnic
   as.pdf

9 www.rjscraftwinemaking.com/craft-and-
   cork/conquer-cork-taint/

10 www.urbinavinos.blogspot.com/2015/12/t ecnicas-de-analisis-fisico-quimico- en.html.

11 www.usc.es/caa/MetAnalisisStgo1/enolo gia.pdf.

12 www.vinodefruta.com/medicion_de_acide z_marco.htm.

GLOSARIO Y ABREVIATURAS

Abrev. *Abreviatura.*

Acetobacter. Un tipo de bacteria capaz de transformar el *etanol* en *ácido acético* en presencia de aire.

Acondicionamiento. Técnica de preparación de un sustrato para su *fermentación.*

Adsorción. Fenómeno por el cual un sólido o un líquido atrae y retiene en su superficie gases, vapores, líquidos o cuerpos disueltos.

Air Lock. Ver *Trampa de Aire.*

Álcali. Sustancia química que se puede combinar con ácidos para formar sales.

Alcohol. Compuesto de carbono, hidrógeno y oxígeno que lleva en su molécula uno o varios hidroxilos (OH).

Alcohol potencial. Aquel calculado teóricamente a partir de una determinada cantidad de azúcar. Corresponde a la cantidad de alcohol que probablemente tendrá la bebida una vez finalizada la *fermentación.*

Alcohol probable. Ver *Alcohol potencial.*

Alcoholes pesados. Ver *Alcoholes superiores.*

Alcoholes superiores. Alcoholes con más de dos

átomos de carbono que se producen durante la fermentación alcohólica. Entre ellos el alcohol isoamílico, isopropílico, isobutílico, etc.

Aldehído. Compuesto de carbono, hidrógeno y oxígeno que lleva en su molécula uno o varios hidroxilos (CHO). Se producen por oxidación de los alcoholes.

Amina. Compuesto orgánico derivado del amoniaco.

Aminoácidos. Moléculas orgánicas con un grupo amino (-NH2) y un grupo carboxilo (-COOH). Son los constituyentes esenciales de las proteínas.

Arilo. Cobertura carnosa de ciertas semillas formada a partir de la expansión del filamento de unión de la semilla al ovario.

Asca. Organelo celular que contiene las esporas en los hongos ascomicetos.

Atm. (Abrev.) *Atmósfera.*

Atmósfera. Unidad de presión equivalente a la presión que ejerce la atmósfera terrestre al nivel del mar.

Autólisis. Proceso biológico mediante el cual una célula muere y se destruye por falta de nutrientes.

Azúcar candi. También conocido como perlado. Es un azúcar poco refinado, de grandes cristales opacos que no funde a las temperaturas usadas habitualmente en repostería.

Azúcar moreno. El refinado al que se le ha añadido extracto de melaza, cuyo color varía desde el amarillo claro al pardo oscuro.

Balón aforado. Recipiente de vidrio que dispone de una marca o aforo en el cuello para medir con precisión un volumen determinado.

Bar. Unidad de presión equivalente a *750 mmHg*.

Base. Ver *Álcali.*

Base conjugada. Ion o molécula que queda después de que el ácido ha perdido un protón.

Baya. En botánica, fruto carnoso o pulposo con varias semillas en su interior que están envueltas directamente por la pulpa. Suele tener forma redondeada o elipsoidal.

Blanco. En química, muestra que contiene todos los componentes de la matriz excepto la sustancia a analizar.

Brettanomyces. Levadura de la cerveza y del vino que es resistente al *etanol*, pudiendo desarrollarse tras el comienzo de la *fermentación.*

Brix. Unidad de concentración de azúcar. Un grado Brix equivale a 1 %.

Buffer. Es una solución que, ante la adición de un ácido o una base, es capaz de reaccionar manteniendo fijo el pH.

°C. (Abrev.) *Grado Celsius* o *centígrado*.

Carbón activado. Producto de origen vegetal que tiene la propiedad y absorber gases, químicos, metales pesados y otros materiales del agua y del vino.

Carragenato. Aditivo de alimentos y bebidas empleado como gelificante, espesante, emulsionante y estabilizante. También conocido como «carragenina».

CAS, Numero: Código de identificación asignado por la Sociedad Americana de Química a cada compuesto o sustancia que ha sido descrita en la literatura científica.

Cdta. (Abrev.) *Cucharadita.*

Cel. (Abrev.) *Célula.*

Cel/ml. (Abrev.) Células por cada mililitro.

Celulosa. Es un polisacárido compuesto exclusivamente de moléculas de glucosa que está presente en las paredes celulares de hongos y otros vegetales.

Clorofenoles: Grupo de compuestos formados por una molécula de fenol en la que se han sustituido átomos de hidrógeno por cloro.

cm. (Abrev.) *Centímetro.*

CO_2. Ver *Gas carbónico.*

Coloide. Mezcla heterogénea donde uno de los componentes tiene un tamaño de partícula entre 1 y 1.000 nanómetros.

Constante de disociación. Medida de la capacidad que tiene una sustancia de transferir sus protones al agua.

CSP. (Abrev.) *Cantidad Suficiente Para.*

Denominación de origen. Designación reglamentaria de un producto que lo asocia a una región geográfica específica. Es común en vinos, pero no en cervezas.

Desionización. Proceso que permite eliminar todos los iones y sales de una solución.

Diacetil o diacetilo. Compuesto químico que se genera durante la fermentación y que tiene un sabor a mantequilla, la misma levadura lo reabsorbe concluida ésta.

Diatomeas, tierra de. Fino polvo de color blanco, proveniente de los restos fosilizados de fitoplancton marino.

Efecto Venturi-Bernoulli. Fenómeno de disminución de la presión de un fluido en movimiento cuando aumenta su velocidad.

Endocarpio. En botánica, capa interna del fruto que recubre la semilla.

Enología. Ciencia que estudia el vino.

Enzima. Proteína compleja que tiene la capacidad para formar o romper un enlace químico particular.

Enzima amilolítica. Aquella que facilita la ruptura de las cadenas de azúcares que constituyen un almidón.

Enzima pancreática: sustancias secretadas por el páncreas que ayudan a descomponer grasas, proteínas y carbohidratos.

Enzima proteolítica. Aquella que facilita la ruptura de las cadenas de aminoácidos que constituyen una proteína.

Espora. Corpúsculo que se escinde de una planta o microrganismos para dividirse asexualmente de manera reiterada y así formar un nuevo individuo.

Éster. Compuesto aromático obtenido de la condensación de un ácido y un alcohol con la liberación de una molécula de agua.

Etanol. El principal producto de la *fermentación* alcohólica. Es un alcohol de fórmula C_2H_5OH.

EUA. (Siglas.) *Estados Unidos de América.*

Eucariota. En biología, aquella célula que tiene el núcleo diferenciado mediante una membrana.

Exocarpio. En botánica, capa externa del fruto.

Extracto seco: Fracción sólida (seca) que queda luego de evaporar el agua de una muestra de alimento o bebida.

°F. (Abrev.) *Grado Farenheit.*

Fermentación carbónica. Un tipo de *fermentación* intracelular inducida por exceso de CO_2.

Filogenia: Conjunto de relaciones en el desarrollo evolutivo de una especie biológica.

Floculación. Es la tendencia que poseen las levaduras a formar agregados y luego sedimentar.

Forma vegetativa. Etapa del desarrollo de un

microrganismo caracterizada por una reproducción no sexual, generalmente por esporas.

Fúsel. Ver *alcoholes superiores.*

g. (Abrev.) *Gramo.*

Gas carbónico. Gas producido durante la *fermentación alcohólica*, también conocido como *anhídrido carbónico* o *dióxido de carbono.* Su fórmula química es CO_2.

G.E. (Abrev.) *Gravedad Específica.*

Gel. Materia con apariencia de sólido y aspecto gelatinoso que se forma al dejar en reposo una disolución coloidal.

Gelatinización. Proceso en el que los granos de almidón se rompen y dispersan en agua caliente para formar una suspensión espesa.

°G.L. (Abrev.) *Grado Gay-Lussac.*

Gemación. Fenómeno reproductivo en el cual una célula proyecta una protuberancia que va creciendo y acaba dando lugar a otra célula

g/l. (Abrev.) Gramos por cada litro.

Genoma. Conjunto de genes y disposición de éste en la célula.

g/mol. (Abrev.) *Gramos/mol.*

Gluten. Conglomerado de proteínas presentes en muchos cereales y que puede causar reacciones alergénicas en ciertos individuos.

Grados Brix. Porcentaje (peso/peso) aproximado de azúcar que contiene una solución azucarada. Especialmente útil en el análisis de jugos y otras bebidas.

Huella de carbono. Medida del impacto que provocan las actividades del ser humano en el medio ambiente.

Índice de refracción. Cociente establecido entre la velocidad de la luz en el vacío y la velocidad de la luz en un medio cualquiera.

Inflorescencia. Conjunto de flores que nacen agrupadas de un mismo tallo formando un racimo.

Ión. Átomo cargado eléctricamente debido a la pérdida o ganancia de un electrón.

Isobárico. Que se efectúa a presión constante.

Isómeros. Dos sustancias que, estando compuestas por los mismos elementos, difieren en la estructura molecular.

Jugo gástrico: Mezcla de ácido clorhídrico y otras sustancias secretada por la mucosa estomacal.

Kcal. (Abrev.) *Kilocaloría.*

kg. (Abrev.) *Kilogramo.*

Kg/cm^2. (Abrerv.) *Kilogramo por cada centímetro cuadrado.*

kg/cm^3. (Abrev.) *Kilogramo por cada centímetro cúbico.*

Kilopascal. Unidad de presión equivalente a la fuerza que ejerce 1 newton sobre una superficie de 1 metro cuadrado.

Kpa. (Abrev.) *Kilopascal*

l. (Abrev.) *Litro.*

lb. (Abrev.) *Libra.*

Liofilización. Método de deshidratación por congelamiento.

m. (Abrev.) *Metro.*

Melaza. Líquido más o menos viscoso, de color pardo oscuro y sabor muy dulce, que queda como residuo de la fabricación del azúcar de caña o remolacha.

Mesocarpio. Capa intermedia de las tres que forman el *pericarpio* de los frutos, generalmente correspondiente a la parte carnosa.

mg. (Abrev.) *Miligramo.*

mg/l. (Abrev.) *Miligramo/Litro.*

Micra. Milésima parte de un milímetro, abreviada μ.

Microbiota. Conjunto de microorganismos que son frecuentes en un determinado medio.

ml. (Abrev.) *Mililitro.*

min. (Abrev.) *Minuto.*

Millardo. Expresión equivalente a miles de millones. En habla hispana sustituye el término billón de los angloparlantes.

ml. (Abrev.) *Mililitro.*

mm. (Abrev.) *Milímetro.*

mmHg. (Abrev.) *Milímetros de mercurio.*

mol/atm. (Abrev) Moles por cada atmósfera.

Mosto. Jugo de frutas preparado y destinado a la fermentación.

N. (Abrev.) Normalidad, unidad de concentración.

Nanómetro. Unidad de longitud equivalente a mil millonésimas de metro.

Naranjina. Un tipo de flavonoide que da amargor a los frutos cítricos.

Oligopéptido. Molécula formada por un número reducido de aminoácidos.

O.M.S. (Siglas) *Organización Mundial de la Salud.*

oz. (Abrev.) *Onza.*

Off-Flavor. (inglés) Olor impropio de una bebida o alimento.

Pa. (Abrev.) *Pascal.*

Pag. (Abrev.) *Página.*

Paleta. Plataforma de poca altura formada por dos pisos unidos entre sí mediante largueros, con el fin de apilar las mercancías y facilitar su transporte.

Panícula. En botánica, inflorescencia compuesta multirramificada.

Peachímetro. Instrumento empleado para medir el pH de una disolución.

Pectinasas. Grupo de enzimas capaces de

descomponer la pectina.

Peptídico, enlace. Unión molecular que mantiene ligados dos péptidos.

Péptido. Molécula formada por la unión de varios aminoácidos, constituyendo la base estructural de las proteínas.

Pericarpio. Conjunto de capas que envuelve la semilla.

PET. Acrónimo del inglés *Polietylene Terephtalate*, un polímero plástico.

pH. Medida de la capacidad de un ácido para generar hidrogeniones (H^+) en solución acuosa. En otras palabras, expresa la fuerza de un ácido. Es referido a una escala que va de 1 a 14 (desde más ácido hasta más básico).

Piloncillo. Jugo de caña cocido, evaporado y solidificado. También conocido como panela o papelón (Venezuela).

Pipeta. Instrumento de laboratorio, de forma tubular, que sirve para medir y extraer muestras líquidas.

Poliestireno. Polímero termoplástico que se obtiene de la polimerización del *estireno*.

Polietileno. Polímero preparado a partir de *etileno*.

Polifenoles. Constituyen un grupo de sustancias encontradas en las plantas y que se caracterizan por la presencia de más de un grupo fenol por molécula.

ppm. (Abrev.) *Partes por millón*

Proteasa. Grupos de enzimas que rompen los enlaces peptídicos de las proteínas

Psi. Unidad de presión, del inglés *pound square inch*, libras por pulgada cuadrada.

Punto de congelación. Temperatura en la cual una sustancia en estado líquido pasa a estado sólido.

p/v. (Abrev.) *peso/volumen.*

PVC. (Abrev.) *Polivinilcloruro.*

Radicales libres. sustancias que introducen oxígeno en las células, produciendo la oxidación de sus partes y el envejecimiento del cuerpo.

Remontaje. Operación propia de los establecimientos vinícolas que consiste en desalojar de forma cíclica el mosto por la parte inferior de un tanque y luego verterlo por la parte superior.

Resina de intercambio iónico. Material sintético, destinado a la depuración de aguas residuales industriales.

RU. (Siglas) *Reino Unido*

S. (Abrev.) *Saccharomyces.*

Sacarificación. Proceso químico en que el almidón se convierte en azúcares fermentables.

Saccharomyces. Género de levaduras que comprende diversas especies utilizadas en la elaboración de bebidas alcohólicas.

Saccharomyces cerevisiae. Levadura empleada en la elaboración de pan, vino y cerveza.

Secretina. Hormona estimuladora de la secreción del páncreas.

Tanino. Grupo de sustancias pertenecientes a los *polifenoles* que le otorgan astringencia y aspereza a los vinos.

Tanizado. Agregado de *tanino* al vino con el fin de propiciar la coagulación de las proteínas.

Titulación. Método analítico basado en la reacción química que se establece entre un volumen conocido de una solución de concentración desconocida y un volumen conocido de una solución con una concentración conocida.

Trampa de aire o Air Lock. Dispositivo que se coloca a los fermentadores para asegurar las condiciones anaeróbicas del proceso. Se utiliza con algún agente sanitizante líquido o agua en su interior.

Venturi-Bernoulli, principio de. Principio de física que establece que «Si el caudal de un fluido es constante pero la sección disminuye, necesariamente la velocidad aumenta tras atravesar esta sección».

Vino quieto. Aquel carente de gas. También denominado vino tranquilo.

vol. (Abrev.) *Volumen.*

VolCO$_2$. (Abrev.) Volúmenes de dióxido de carbono.

Volumen de CO_2. El gas contenido en el vino o la cerveza se mide con Volúmenes de CO_2, que son los litros de CO_2 disueltos en 1 *litro* de bebida.

Volumetría. En química, método para medir cuánta cantidad de una disolución se necesita para reaccionar exactamente con cierta cantidad de otra.

Winemaking. (inglés) Fabricación de vino.

ANEXOS

Ataúlfo. Dado su intenso color amarillo también se conoce como mango miel. Se caracteriza por tener una semilla muy pequeña, si bien el tamaño del fruto también lo es. Además de dulce, destaca su textura cremosa.

Francis. Aunque en su piel predomina el amarillo, tiene matices verdes. Su rasgo más distintivo es su forma en forma de S. Su sabor es especiado, con una textura mantecosa.

Haden. El rojo es el color predominante de la piel de esta variedad, aunque tiene matices amarillos y verdes. Incluso manchas blancas. Su forma es más ovalada que los anteriores, tirando a redonda. Su sabor tiene matices muy aromáticos.

Keitt. Su piel es principalmente verde, aunque con una zona rosada. Ovalado, de sabor afrutado posee una pulpa muy jugosa.

Kent. Esta variedad de forma ovalada tiene un gran tamaño. Su color también es verde oscuro, aunque con un tono rojizo en una zona pequeña. Al comerlo notarás el dulzor de su pulpa tierna y mantecosa.

Tommy Atkins. Los tonos rojizos casi cubren la totalidad de su piel en la que también verás zonas amarillas, verdes y anaranjadas. Es muy fibroso y, por eso, tiene una pulpa más firme, aunque no por ello deja de ser dulce.

Otras variedades: Palmer, Kesar, Alphonse, Manila o Edward son otras de las 40 variedades de mango que se pueden encontrar en el mercado.

Anexo 1. Características de algunas variedades de mango

FRUTA	ACIDEZ (%)	AZÚCAR (%)	IFE
Guama (*Inga heteroptera*)	0,05	13,4	484
Níspero (*Manilkara zapota*)	0,14	24,1	873
Melón (*Cucumis melo*)	0,15	8,0	293
Carambola (*Averrhoa carambola*)	0,23	4,9	185
Noni (*Morinda citrifolia*)	0,28	8,4	312
Papaya o lechosa (*Carica papaya*)	0,30	9,0	335
Merey o marañón (*Anacardium occidentale*)	0,36	11,0	409
Tomate (Lycopersicon esculentum)	0,40	4,9	191
Azufaifo o jujube (*ZizipHus jujuba*)	0,41	18,3	674
Zapote (*Diospyros digyna*)	0,43	30,0	1095
Granada (*Punica granatum*)	0,45	14,9	553
Guanábana (*Annona muricata*)	0,45	12,0	448
Banana o cambur (*Musa paradisiaca*)	0,50	26,0	954
Piña o ananá (*Ananas sativus*)	0,55	12,0	452
Uva (*Vitis vinifera*)	0,55	20	740
Manzana (*Malus sylvestris*)	0,58	10	381
Semeruco (*Malpighia punicifolia*)	0,58	4	165
Guayaba (*Psidum guajaba*)	0,6	8	310
Mora (*Rubus sp*)	0,7	6,3	252

73

Arándano azul (Vaccinium corymbosum)	0,75	13	495
Nectarina (Prunus persica)	0,76	14	531
Mamey (Mammea americana)	0,9	13,9	533
Fresa (Fragaria sp)	1,01	8,1	328
Jobo (Spondias mombin)	1,15	13	509
Mango (Mangifera indica)	1,2	15,2	590
Chirimoya (Annona cherimola)	1,3	11,8	472
Naranja (Citrus sinensis)	1,33	10,8	437
Tomate de Árbol (CypHomandra betacea)	1,6	10	418
Kiwi (Actinidia deliciosa)	1,7	14	565
Uva pasa (Uva de mesa, sp)	2	40	1512
Mora (Morus sp)	2,4	20	806
Borojó (Borojoa patinoi)	3,5	8	414
Copoazu (Theobroma grandiflorum)	3,83	14	642
Maracuyá o parchita (Passiflora edulis)	4,7	2,4	256
Limón (Citrus limon)	5,68	8,8	521
Tamarindo (Tamarindus indica)	13	35	1728

Anexo 2. Contenido aproximado de azúcar y ácido de algunas frutas y su Índice de Factibilidad Enológica (IFE)

74

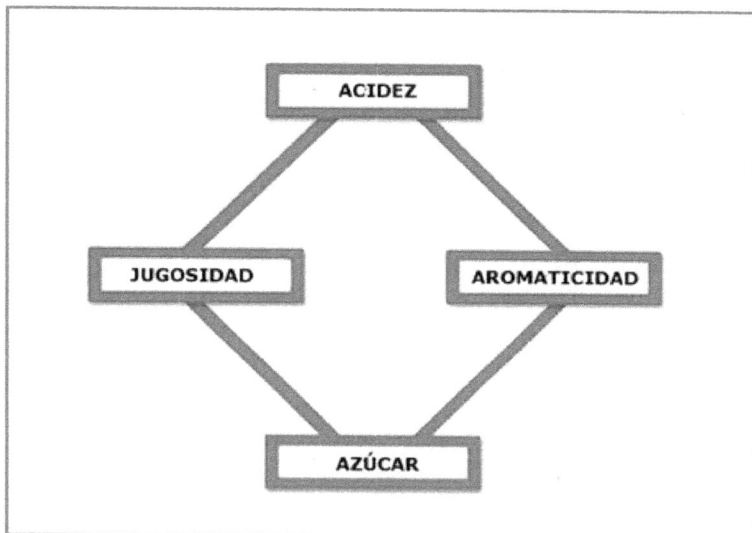

Anexo 3. Rombo de los vinos de frutas.

Reactivos necesarios: -Solución hidróxido de sodio (o de potasio). -Solución de fenolftaleína (o de azul de bromotimol). **Equipo necesario:** -Bureta de 10 ml. -Soporte universal. -Matraz de 250 ml.	 **Equipo**

Procedimiento

a. Se llena la bureta con la solución de hidróxido de sodio 0,1 N.

b. En el matraz, se colocan 10 ml de muestra, unos 50 ml de agua destilada y 5 gotas de solución de fenolftaleína al 1% o de azul de metileno al 1 %.

c. Agitando constantemente la muestra, se deja caer gota a gota la solución de hidróxido desde la bureta hasta que aparezca un color rosa pálido.

d. Se anota el volumen de hidróxido empleado.

En este momento se habrá logrado la neutralización y se habrán igualado los números de pesos equivalentes del ácido y de la base. De ello se deriva la siguiente ecuación.

$$\%Acidez = [(V_b \, x \, N_b \, x \, P_{meqac}) \, / \, V_m \,] \, x \, 100$$

Donde:

V_b = *Volumen gastado de la base (ml).*

N_b = *Normalidad de la base (generalmente 0,1N).*

P_{meqac} = *Peso miliequivalente del ácido predominante.*

V_m = *Volumen de la muestra (ml).*

Si se desea expresar la acidez en gramos/litro, y no como porcentaje, solo se deberá multiplicar por 10 el resultado obtenido.

Anexo 4. Titulación con bureta.

a. Hidróxido de sodio 0,1 N

En el balón de 1 l, agregar 4,0 g hidróxido sodio y completar con agua, preferiblemente destilada, hasta la marca. Disolver.

b. Hidróxido de potasio 0,1 N

En el balón de 1 l, agregar 5.6 g hidróxido potasio y completar con agua preferiblemente destilada, hasta 1 L. Disolver.

c. *Azul de bromotimol*

En el balón de 100 ml, agregar 1 g azul bromotimol y completar con agua hasta la marca. Disolver.

d. *Fenolftaleína*

En el balón de 100 ml, agregar 1 g de *fenolftaleína*, 50 ml de *etanol* al 90 %, disolver y completar con agua destilada hasta la marca. Agitar suavemente.

Anexo 5. Preparación de los reactivos para una medición de acidez total.

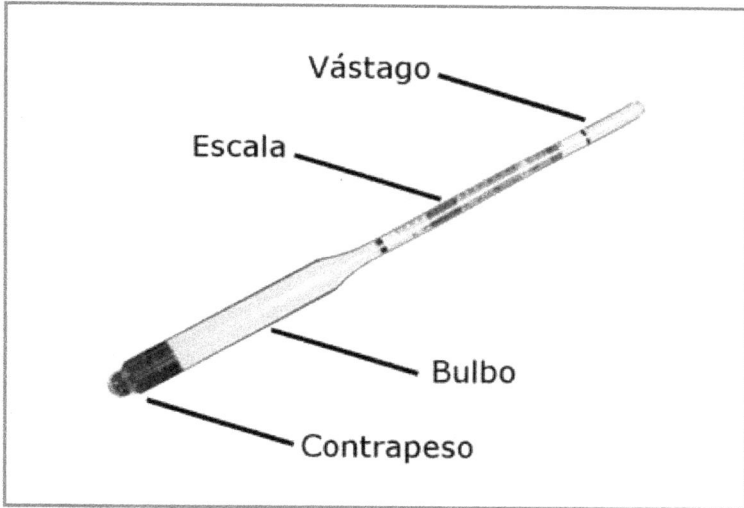

Anexo 6. El hidrómetro y sus partes.

Anexo 7. Partes de un refractómetro.

Azúcar en el jugo (%)	Alcohol probable en el vino (%)
21,0	12,0
20,7	11,5
19,8	11,0
18,9	10,5
18,0	10,0
17,1	9,5
16,2	9,0
15,3	8,5
14,4	8,0
13,5	7,5
12,6	7,0

Anexo 8. Relación entre el contenido de azúcar de un jugo y el grado alcohólico de un vino.

TABLA DE ILUSTRACIONES

GRÁFICA 1. FLORES Y FRUTOS DEL MANGO............................ 5

GRÁFICA 2. ESQUEMA BÁSICO DE LA ELABORACIÓN DE UN

VINO DE FRUTAS... 15

GRÁFICA 3. KIT PARA MEDICIÓN DE ACIDEZ Y SUS

COMPONENTES. 18

GRÁFICA 4. LECTURA DEL HIDRÓMETRO. 22

GRÁFICA 6. FILTRO MINI JET.. 36

GRÁFICA 7. PICO DE LLENADO Y TAPONADORA 37

GRÁFICA 8. ETIQUETADORA MANUAL LAB01. 41

GRÁFICA 8. FORMULACIÓN DE INGREDIENTES PARA DIVERSOS

VOLÚMENES DE VINO DE MANGO................................ 46

GRÁFICA 9. AZÚCAR A AGREGAR PARA ENDULZAR

DIFERENTES VOLÚMENES DE VINO DE MANGO. 47

TABLA DE ANEXOS

ANEXO 1. CARACTERÍSTICAS DE ALGUNAS VARIEDADES DE MANGO.. 70

ANEXO 2. CONTENIDO APROXIMADO DE AZÚCAR Y ÁCIDO DE ALGUNAS FRUTAS Y SU ÍNDICE DE FACTIBILIDAD ENOLÓGICA (IFE) 72

ANEXO 3. ROMBO DE LOS VINOS DE FRUTAS. 73

ANEXO 4. TITULACIÓN CON BURETA................................... 75

ANEXO 5. PREPARACIÓN DE LOS REACTIVOS PARA UNA MEDICIÓN DE ACIDEZ TOTAL. 76

ANEXO 6. EL HIDRÓMETRO Y SUS PARTES. 77

ANEXO 7. PARTES DE UN REFRACTÓMETRO. 78

ANEXO 8. RELACIÓN ENTRE EL CONTENIDO DE AZÚCAR DE UN JUGO Y EL GRADO ALCOHÓLICO DE UN VINO............... 79

www.ingramcontent.com/pod-product-compliance
Lightning Source LLC
Chambersburg PA
CBHW070929270326
41927CB00011B/2787